LOS ANIMALES NECESITAN REFUGIO

Marla Conn y Alma Patricia Ramirez

Glosario de fotografías

 granero

 oso

 abeja

 pájaro

 cueva

 pez

 cangrejo ermitaño

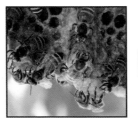 panal

2

 nido

 cerdo

 planta

 concha

Un **nido** es un refugio para un **pájaro**.

4

5

Una **cueva** es un refugio para un **oso**.

cueva

Una **planta** es un refugio para un **pez.**

planta

pez

9

Una **concha** es un refugio para un **cangrejo ermitaño**.

concha

Un **panal** es un refugio para una **abeja**.

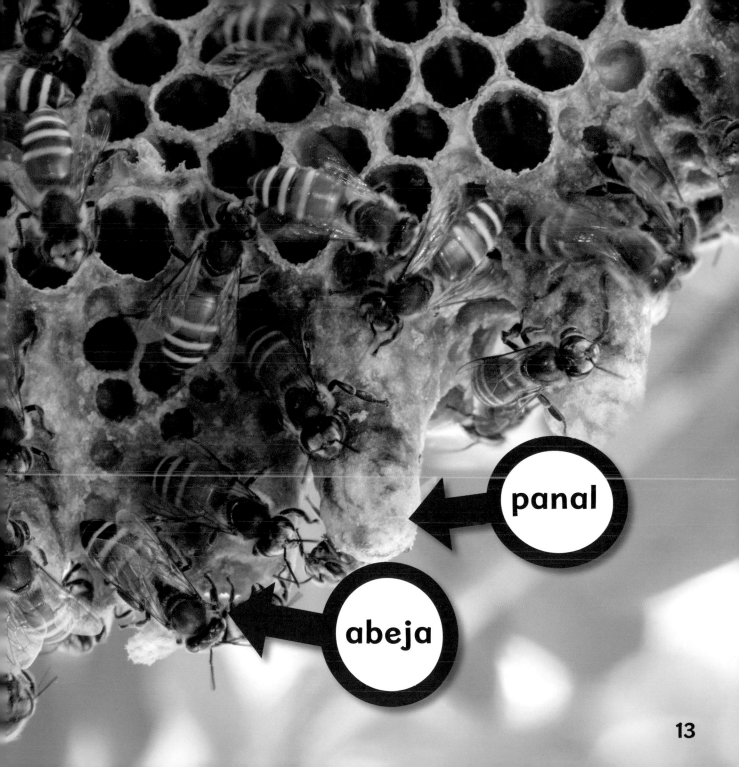

panal

abeja

13

Un **granero** es un refugio para un **cerdo**.

granero

cerdo

Actividad

1. Vuelve a leer la historia con un compañero.

2. Habla de las siguientes preguntas:

   - ¿Por qué los animales necesitan refugio?
   - ¿Dónde viven los animales (hábitats)?
   - ¿Cómo sobreviven los animales en hábitats diferentes?

Lectura en voz alta del maestro:

Los animales necesitan refugio:
- *para protegerse del tiempo extremo.*
- *para esconderse de los depredadores.*
- *como ayuda para encontrar comida.*

---

3. ¿Cómo ayudan los siguientes refugios a los animales para que sobrevivan?

nido, cueva, planta, concha, panal, granero